目　录

引言·····················4

政府与政治···············6

战争与冲突···············8

探险与发现···············10

殖民主义·················12

奴隶制度·················14

食品与农业···············16

科学与技术···············18

艺术·····················20

建筑·····················22

文学·····················24

犯罪与刑罚···············26

宗教·····················28

术语索引·················30

引 言

近代早期是从中世纪末到 18 世纪末这段时期。在这 300 年间，世界各个区域之间的相互联系变得更加紧密了。在很大程度上，由于欧洲人的探索和殖民，从前各自孤立的世界各地之间建立起了经常性的联系。商品和思想在新大陆和旧大陆之间交流，这一进程增加了欧洲列强的财富，却给列强殖民地国家的原住民带来了毁灭性的灾难。

亚美利哥·韦斯普奇，意大利探险家，美洲大陆即以他的名字命名。

欧洲

在近代早期，欧洲在经济、文化、科技等方面都取得了巨大的进步。近代早期经历了文艺复兴、地理大发现及启蒙运动等一系列重大历史事件。文艺复兴是 14 世纪中叶到 17 世纪初欧洲思想文化界人士复兴希腊、罗马古典文化的运动；地理大发现是欧洲探险家发现并殖民世界其他地方的时代；启蒙运动发生在 17、18 世纪，是一场基于理性和科学的知识运动。

美洲

对美洲的殖民始于西班牙和葡萄牙，英国和法国紧随其后，给美洲原住民带来了灾难性的后果。殖民毁灭了包括阿兹特克人和印加人在内的几乎所有的原住民文化，还带来了欧洲的疾病，导致大量原住民死亡。到 19 世纪早期，欧洲国家的殖民地已经遍布北美、中美和南美，而随着美洲殖民地经济实力的不断增强，他们想要独立的愿望也日益强烈。

苏莱曼大帝，1520 年—1566 年在位，是奥斯曼帝国在位时间最长的苏丹。

伊斯兰世界

奥斯曼王朝于 13 世纪建于土耳其，到了 16 世纪中叶，发展成一个幅员辽阔的大帝国，此后经过多番征战，到 18 世纪末，帝国已经衰落了。同样信奉伊斯兰教的萨菲帝国于 1501 年在今伊朗建立，并在 17 世纪达到极盛。而印度在 17 世纪到 18 世纪初之间一直处于穆斯林莫卧儿王朝的统治之下。

西班牙征服者赫南多·科泰斯到达阿兹特克帝国首都特诺奇蒂特兰城，见到了阿兹特克帝国皇帝蒙提祖玛二世。

非洲

欧洲对非洲撒哈拉以南地区的影响力迅速增强，至少在塞内加尔、冈比亚和塞拉利昂等沿海国家是这样，其中，最具灾难性的是奴隶贸易：大量的非洲人被运送到大西洋彼岸，在美洲殖民地的种植园里做苦工。对于许多地处非洲内陆的王国，如恩东加王国（故地在现在的安哥拉）和莫诺莫塔帕帝国（故地在现在的津巴布韦），欧洲的影响微乎其微，古老的生活方式还是像以前一样地继续着。

刚果国王若昂一世，1470 年—1509 在位，受葡萄牙传教士的影响，皈依了基督教。

政府与政治

在近代早期的大部分时间里，君主的统治权是至高无上的。软弱或腐败的统治者可能会被推翻，但大多数时候，这些君主，如欧洲的国王、中国的皇帝、非洲的酋长和奥斯曼帝国的苏丹等，其权威未曾遭遇挑战。这一时期，在欧洲，随着贵族和教会势力的衰落，王室的权力有所增加。

法国国王路易十四，1643 年—1715 年在位，是历史上最强大的专制君主之一。

苏丹谢里姆一世于 1512 年登基，他统治奥斯曼帝国到 1520 年。

欧洲

近代早期是欧洲君主专制的时代。一旦渴求权力的贵族变成了国王恭顺的侍臣，政治权力就集中到了皇室手中。只有英国例外。17 世纪中叶，议会军队在内战中击败了国王军队，君主体制发生了改变，君王实权锐减。到了 18 世纪，民主和自由的思想传播开来，欧洲大陆的专制君主们开始感到不安。

奥斯曼帝国

苏丹的权力似乎无所不包。他既是政治统治者和军事指挥官，又是大祭司和大法官，他以神的权威统治帝国。然而，事实上，苏丹的权力也是有限的。苏丹的行动必须得到帝国里的豪门望族或宗教和军事领袖的支持。值得注意的是，1520 年到 1651 年的这段时期，被称为"苏丹女权时期"，在这 130 年间，苏丹后宫的女性们拥有强大的政治影响力。

约 1520 年　在奥斯曼帝国，苏丹后宫的女性逐渐执掌权力

1535 年　新西班牙总督管区第一任总督获得任命

农民起义爆发，严重威胁了中国明朝的统治　1629 年

英国国王查理一世在内战中战败，被推上断头台　1649 年

中国紫禁城中的军机处。

中国

1368 年，明朝建立。到了 17 世纪，土地兼并加速，朝廷一再征收额外的苛捐杂税，导致多省爆发了农民起义。1644 年，李自成率农民起义军攻进北京，明朝灭亡。同年，清军进入北京，颠覆了农民政权，到 1662 年，彻底消灭明朝的残余势力，统一了整个中国。清朝建立了一个强大的中央政府，并设立了军机处，军机处就政治和军事问题辅佐皇帝。

美洲

西班牙在美洲的殖民地由代表西班牙王室的两名总督管理。然而，总督的权力有限，一方面是由于殖民地地域广阔，沟通困难，另一方面，地方长官掌控了大量权力。在北美洲，英国对殖民地的管控触发了革命，殖民地人民赢得了战争，获得了独立，建立了第一个现代民主国家——美国。

波士顿倾茶事件：1773 年，英国东印度公司将茶叶运到北美倾销，遭到了抗议，波士顿的人民趁夜登上满载英国茶叶的茶船，将茶叶倾入大海。

17 世纪 50 年代　西班牙对其殖民地的控制开始减弱

北美洲的英国殖民地代表发表《独立宣言》　1776 年

由于贫穷和粮食短缺，群情激愤的法国人民在法国大革命中推翻了国王　1789 年

✢ 战争与冲突 ✢

近代早期被称为"火药武器时代"。在这个时代，海战和陆战都开始广泛使用火药武器，比如大炮、步枪和手枪。一开始，士兵们还配备金属铠甲，到了 17 世纪中期，铠甲就被弃用了，因为它无法抵御更强大的枪炮武器。尽管直到 19 世纪，骑兵在战斗中仍有一席之地，但火药的使用已经大大降低了骑兵在战斗中的重要性。

从 17 世纪起，枪支和火力成为战场上的决定性因素。

在 1763 年殖民者与美洲原住民的布希溪战役中，殖民者虽然损失惨重，但取得了胜利。

欧洲

军队的规模随着大规模征兵而急剧扩大。到 1700 年，法国国王可以派 50 万士兵参战，而在 1550 年，这个数字只有 2 万。战争变得越来越致命，部分原因是火药武器杀伤力强，另外，庞大的军队有时会为了夺取粮食而破坏平民的土地。此外，战争缺乏规则约束，战俘经常遭到屠杀。

美洲

从 1689 年起，英、法两国为争夺在北美的权益而进行了一系列战争。在 1756 年至 1763 年间，英国与法国在北美进行了最后一次争夺殖民地的战争，史称法国与印第安人之战，战后法国失去了加拿大这一殖民地，还将密西西比以东的整片北美大陆的控制权也交给了英国。美洲原住民也参与了这场战争，但不同的部落持不同的立场，有的帮助英国，有的支持法国。然而，最终原住民却成为这场战争最大的输家——后来的殖民者逐渐把他们赶出了自己的土地。

1543 年 一条载着火绳枪的船意外地冲上日本的一个岛屿，这些武器的发现永久性地改变了日本的战争状况

在通迪比战役中，摩洛哥军队推翻了西非的桑海帝国 **1591 年**

1603 年—1623 年 阿巴斯沙赫征服了美索不达米亚的大部分地区

明朝出兵协助朝鲜抗击日军的入侵 **1592 年**

欧洲三十年战争 **1618 年—1648 年**

1500 年　　1550 年　　1600 年　　1625 年

在长筱合战中，织田信长让射击手分为三队，藏在防马栅后面，一队填药，一队瞄准，一队发射，让敌人无暇冲锋。通过运用这种新战术，火枪的威力得到了提升。

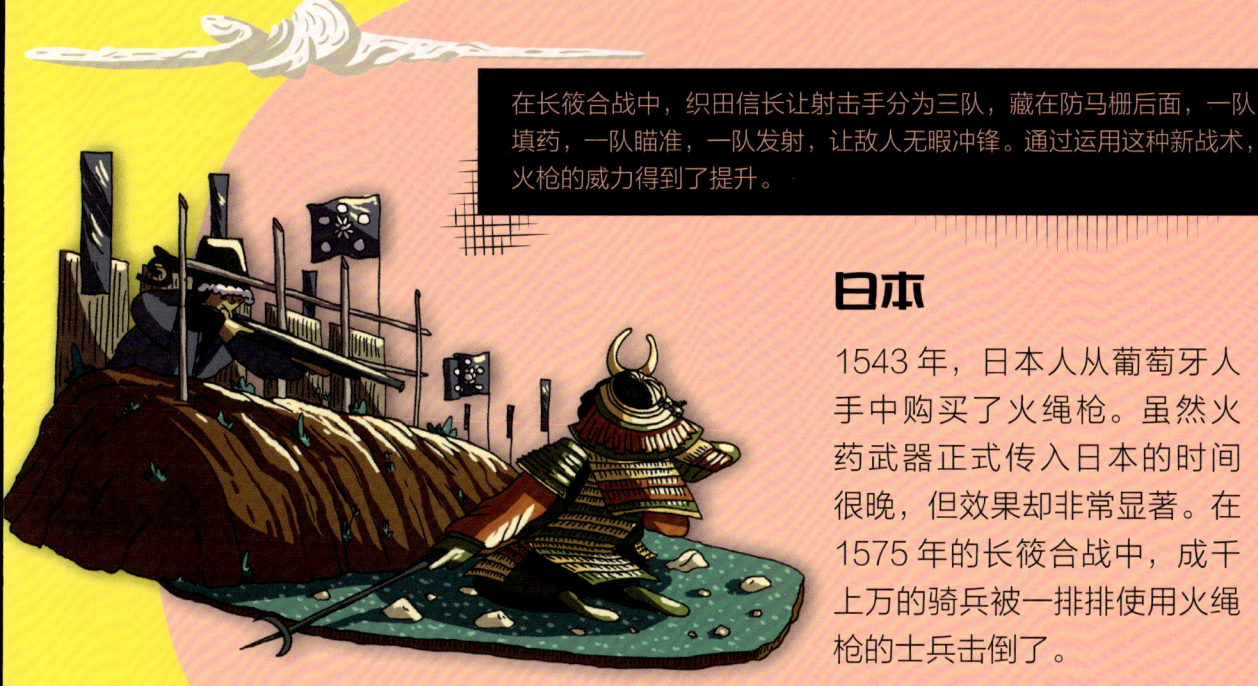

日本

1543 年，日本人从葡萄牙人手中购买了火绳枪。虽然火药武器正式传入日本的时间很晚，但效果却非常显著。在 1575 年的长筱合战中，成千上万的骑兵被一排排使用火绳枪的士兵击倒了。

伊斯兰世界

16 世纪，奥斯曼土耳其人通过使用火绳枪和大炮，在战场上击败了萨菲波斯人和匈牙利人。到了 17 世纪，面对机动性更好的欧洲军队时，奥斯曼土耳其人沉重的大炮反而处于劣势，同样，他们依赖的骑兵在遭遇敌军持枪的步兵时也没有优势可言。

由于威尼斯人高超的航海技术，1656 年，一支来自意大利威尼斯的舰队在达达尼尔海峡击败了奥斯曼舰队。

1662 年　清军统一中国

1701 年—1714 年　西班牙王位继承战争

1756 年—1763 年　法国与印第安人之战

探险与发现

15、16世纪是欧洲探险的伟大时代。由于奥斯曼人控制了通往"东印度群岛"的陆路，欧洲大国试图找到一条海路，以突破奥斯曼帝国的陆路封锁，从而从获利丰厚的亚洲贸易中分一杯羹。这一时期地图绘制技术有了提高，导航和造船技术也有了改良，使欧洲开辟海路的愿望有了实现的可能。

1513年，西班牙冒险家瓦斯科·努涅斯·德·巴尔沃亚越过巴拿马地峡，成为第一个到达太平洋东海岸的欧洲人。

1488年，巴塞洛缪·迪亚士成为第一个绕过非洲南端航行到印度洋的欧洲人。

拉丁美洲

1492年，热那亚航海家克里斯托弗·哥伦布成为自维京人以来第一个登陆美洲的欧洲人。他的支持者，西班牙的斐迪南二世和伊莎贝拉女王，对这个"新大陆"提出了领土主张，开始将其据为西班牙的殖民地。之后，西班牙王室继续赞助南美洲和中美洲大部分地区的探险和征服活动，除了被葡萄牙人占领的巴西，西班牙后来控制了几乎整个拉美地区。

非洲

15世纪，葡萄牙人环绕非洲大陆进行了一系列航行，探索通往亚洲的航线，并在非洲西海岸建立了许多贸易基地。16世纪，葡萄牙又在非洲东海岸建立了贸易基地。17、18世纪，荷兰人在非洲南部建立了殖民地。

1492年 哥伦布在巴哈马群岛登陆　　**1513年** 胡安·庞塞·德·莱昂发现了佛罗里达

1500年 探险家平松和卡布拉尔发现了巴西　　**1606年** 荷兰航海家威廉·扬松成为第一个登陆澳大利亚的欧洲人

1511年 葡萄牙人与中国有了第一次贸易接触　　**1606年** 俄国探险家到达西伯利亚的太平洋海岸

1500年　　　　1550年　　　　1600年　　　　1625年

北美洲

西班牙人的探险活动甚至深入到了北美洲内陆,正如英国人和法国人做的那样,因为英、法希望能发现一条通往亚洲的西北通道。1497 年,意大利航海家约翰·卡伯特到达北美洲。英国人探索至加拿大地处北极的海岸和入海口,而法国人则专注于探索北美洲的内陆,利润丰厚的毛皮贸易是他们探险的动力。17 世纪,法国在北美洲建立了首批欧洲人永久定居点。

1534 年,法国探险家雅克·卡蒂埃第一次探索加拿大内陆。

俄国

在 16、17 世纪,俄国商人和冒险家开始探索乌拉尔山脉以东地区并在那里定居下来。定居者对当地人实行俄式统治,在贸易要塞设置了尖柱城堡,驻兵防守。俄国通过向北亚扩张,到 1689 年时,其领土面积已增加了两倍。

在叶尔马克·齐莫菲叶维奇的带领下,俄国开始征服西伯利亚。

1630 年—1670 年 法国探险队探索北美五大湖地区

殖民主义

当欧洲列强意识到在新大陆进行采矿、农牧和贸易可以带来巨大的利润时,他们在探索美洲之后便迅速展开了殖民统治。此外,欧洲人也开始在印度和东南亚建立贸易基地,这些基地随后便发展成为殖民地。

北美洲

16 世纪末,英国、法国、西班牙和荷兰都企图在北美洲东部建立殖民地。到了 17 世纪 90 年代,大西洋沿岸的大部分地区已成为英、法的殖民地。法国人在北美洲北部建有定居点。到了 1733 年,英国已经建立了 13 个殖民地,这些殖民地后来成了美国。美洲原住民的抵抗,以及阿巴拉契亚山脉的阻隔,阻止了殖民活动向北美洲的西部扩张。

早期的美洲殖民者建立起有防御工事的定居点,以防印第安人袭击,例如这个建立在詹姆斯敦的定居点。

西属美洲

西班牙人在美洲建立大型种植园种植棉花,生产糖,此外,他们还在美洲开采金矿和银矿。到了 16 世纪 50 年代,这里大约有 250 个西班牙小镇。17 世纪,西班牙人受到了来自欧洲其他强国的威胁,原属西班牙的殖民地伯利兹和牙买加后来被英国占有。随着西班牙势力的衰落,西班牙殖民者逐渐形成了一种独立的身份特征,创造出一种融合了本土习俗和西班牙传统的新文化。

在把美洲货物运回国的途中,西班牙船只经常遭到私掠船的袭击,而所谓的私掠船其实是拥有英国、法国和荷兰政府颁发的特许证书的"合法"海盗。

- 1510 年 葡萄牙人占领印度果阿
- 第一批来到北美的清教徒移民在科德角定居下来 1620 年
- 1565 年—1567 年 葡萄牙殖民者建立了里约热内卢市
- 1603 年 荷兰在爪哇建立了第一个东南亚贸易站
- 1536 年 西班牙在哥伦比亚建立殖民地
- 1607 年 英国在北美建立了第一个殖民据点:詹姆斯敦

1500 年　　　1550 年　　　1600 年　　　1625 年

东南亚

欧洲列强试图通过向柬埔寨和泰国等东南亚国家的政府施加影响，来增进其贸易所得。在这些岛屿上，欧洲人想要打破穆斯林对利润可观的香料贸易的控制。葡萄牙人于1511年占领了港口城市马六甲。在17、18世纪，荷兰人占领了爪哇、马六甲和出产丁香的马鲁古群岛。

1619年，荷兰人在印尼的巴达维亚（今雅加达）成立东印度公司，作为殖民活动的据点。

1761年，英国摧毁了法国控制下的本地治里，终结了法国在印度的势力，开启了英国统治印度的时期。

印度

1497年，葡萄牙探险家瓦斯科·达·伽马发现了一条通往亚洲的航线，欧洲对印度的兴趣随之大增。葡萄牙人一马当先，但被荷兰、英国以及后来的法属东印度公司赶走了。随着莫卧儿政权在印度的衰落，这些欧洲公司开始逐步占领印度的领土，制定法律，执行司法，甚至发动战争。

1652年 荷兰东印度公司在南非建立开普敦城

1659年 法国入侵塞内加尔

詹姆斯·库克宣布澳大利亚属于英国王室 1770年

首任总督亚瑟·菲利普开始了英国在澳大利亚的殖民统治 1788年

奴隶制度

欧洲殖民者在美洲建立起种植园，种植生产糖、咖啡、棉花和烟草。从 16 世纪，他们开始强迫非洲人去种植园里当奴隶，一个"三角贸易"因此形成：殖民者从非洲将奴隶运往美洲，将奴隶们的劳动成果运到欧洲贩卖，获取的利润再用来从非洲购买更多的奴隶。

非洲的奴隶贩子与他的俘虏们。

非洲

非洲西海岸的王国向欧洲买家出售奴隶。奴隶往往来自其他民族，一般是战争的俘虏或劫掠而来的受害者。从 16 世纪中叶到 19 世纪中叶，欧洲人从非洲向美洲运送了数千万名奴隶。在 18 世纪，奴隶成为非洲出口的主要商品。

大西洋

在奴隶们到达殖民地之前，他们必须经受一次噩梦般的横跨大西洋的航行，也就是所谓的"中程"。在中程的大部分时间里，奴隶们都被锁在肮脏狭窄的船舱里。许多奴隶跳海或试图绝食，还有一些奴隶死于疾病。

在奴隶贸易的 300 年间，有数百万名奴隶死于"中程"。

1501 年 葡萄牙把第一批非洲奴隶运到葡萄牙在美洲的殖民地伊斯帕尼奥拉岛上

第一批被卖给英国殖民者的非洲奴隶抵达北美的弗吉尼亚 1619 年

美洲

奴隶抵达美洲后，就在拍卖会上被卖给种植园主，然后被种植园主打上烙印并重新取名。奴隶们被迫每天在种植园里劳作长达 18 个小时，没有休息日，不服从主人就会遭到殴打。如果他们工作不够卖力，就有可能被迫戴上颈枷或脚镣。反抗或试图逃跑的奴隶会被处死。

木薯因其根茎富含碳水化合物而成为一种重要作物。

奥斯曼帝国

奴隶在奥斯曼帝国里扮演着重要的角色。很多奴隶是奥斯曼人在非洲和西南亚高加索地区的战争或掠奴远征中抓来的，然后被放在奴隶市场上交易。在奥斯曼帝国，奴隶可以晋升到相当高的地位。他们有可能成为政府官员、后宫守卫，或加入精英部队。有些人后来自己也成了奴隶主。

奥斯曼人从欧洲农村俘获信仰基督教的儿童，并强迫他们成为奴隶兵。

1655 年	英属牙买加成为主要的奴隶市场
17 世纪 60 年代	英国殖民地议会颁布《奴隶法典》，限制奴隶自由，保护奴隶主权利
1776 年	美国颁布《独立宣言》，宣称"人人生而平等"，但并未废除奴隶制
1777 年—1802 年	美国北部各州，以佛蒙特州为首，开始废除奴隶制
1787 年	"废除奴隶贸易协会"在伦敦成立
1787 年	英国人在西非建立弗里敦以安置获得自由的奴隶

食品与农业

在地理大发现的时代，探险家们把粮食作物和牲畜从欧洲带到了新大陆，也把新大陆的食品横跨大西洋带回欧洲，这一过程被称为"哥伦布大交换"，对整个世界的食品与农业所产生的影响延续至今。

殖民者把欧洲的农耕技术引入美洲。

法国国王路易十六和他的王后玛丽·安托瓦妮特佩戴土豆花，使土豆在法国广受欢迎。

美洲

欧洲人把原产于亚洲和非洲的作物带到了美洲，如甘蔗、香蕉、咖啡和柑橘类水果。这些作物在美洲得到了大量种植，并很快成为拉美殖民地经济的基础。在北美，奴隶种植园里种植水稻和棉花。小麦，又一种从欧洲引入的作物，成为美洲主要的粮食作物。西班牙人还将马、驴、猪、牛、山羊、绵羊和鸡等家禽家畜引入了美洲。

欧洲

许多美洲食物在"哥伦布大交换"中被引入欧洲，其中包括土豆、西红柿、鳄梨、辣椒、巧克力、玉米、木薯、花生、菠萝和西葫芦瓜，尤其是土豆，后来成为欧洲餐桌上的重要食物。欧洲人还从源源不断的来自东方的香料供应中受益匪浅，比如丁香、肉豆蔻、肉桂、桂皮、豆蔻、姜和胡椒。

1493 年—1501 年 西班牙人把马、牛、羊、猪、鸡、甘蔗和小麦引入美洲

葡萄牙人把木薯、甘薯、玉米和花生引入西非 1629 年

1520 年 西红柿从墨西哥传入西班牙

约 1525 年 葡萄牙人将南美的辣椒引入印度

1602 年 巴塞洛缪·戈斯诺尔德开始在马萨诸塞种植小麦和燕麦

辣椒传入中国 16 世纪中后期　1565 年 约翰·霍金斯将烟草和甘薯引入英国

16　1500 年　1550 年　1600 年　1625 年

非洲

葡萄牙人把美洲的玉米和木薯引入非洲以换取奴隶，这些作物随后取代了高粱和小米，成为非洲大陆最重要的粮食作物，尤其是玉米，在非洲的南部长势良好。木薯，一种原产于巴西的热带灌木，成为非洲撒哈拉以南地区另一种主要的粮食作物。

木薯在肯尼亚得到种植。

亚洲

16世纪，葡萄牙人开始在印度种植从美洲引进的作物，比如玉米、土豆、甘薯、辣椒、菠萝、木瓜和腰果。甘薯于16世纪中后期传入中国，为中国不断增长的人口提供了食物，成为继水稻和小麦之后中国又一大主要作物。

葡萄牙商人与日本人之间互相买卖牲畜。

1650年 尼德兰地区开始种植土豆

1631年 西班牙医生安东尼奥·科梅内罗·德·莱德斯马发表了第一份制作巧克力的配方

北美出现了最早的冰激凌店 1774年

科学与技术

在 17、18 世纪，科学技术取得了巨大进步，这一时期被称为"启蒙运动时期"。欧洲率先发生了启蒙运动，而几个世纪以来一直作为科技进步的中心的中国和伊斯兰世界，从此却进入了相对落后的时期。

英国

弗朗西斯·培根（1561年—1626年）主张通过系统性的观察和推理来构建科学知识，他的思想为启蒙运动奠定了基础。艾萨克·牛顿（1643年—1727年）总结出了运动和万有引力定律。威廉·哈维（1578年—1657年）发现了人体内的血液循环。罗伯特·玻意耳（1627年—1691年）是现代化学的奠基人。

1728年，皮埃尔·福沙尔（1678年—1761年）出版了《外科牙医》，这是世界上第一本完整阐述牙科学的著作。

法国

法国哲学家和数学家勒内·笛卡尔（1596年—1650年）提出了一种基于理性和逻辑的科学方法，并对几何、代数和光学做出了重要贡献。布莱瑟·帕斯卡（1623年—1662年），数学家、物理学家、哲学家和发明家，发明了一款早期机械计算器。安东尼·拉瓦锡（1743年—1794年）发现了氧气在燃烧中的作用，他是现代化学的奠基人之一。

艾萨克·牛顿在光学和数学方面也做出了重要贡献。

1514年	波兰天文学家尼古拉·哥白尼完成了《天体运行论》一书，认为包括地球在内的行星都在围绕太阳运行
1543年	佛兰德医生安德烈亚斯·维萨里发表了《人体构造》
1569年	赫拉尔杜斯·墨卡托发表了他的新地图系统
1600年	英国物理学家威廉·吉尔伯特发表了有关磁学和电学的重要研究成果
1609年—1610年	意大利数学家和科学家伽利略·加利列伊做了一个望远镜并发表了他的天文发现

1608 年，利伯希第一个描述了望远镜，至于他是否制造出望远镜尚不明确。

荷兰

赫拉尔杜斯·墨卡托（1512 年—1594 年）是一位地理学家，他因绘制出一幅适合航海者使用的世界地图而闻名。眼镜制造商汉斯·利伯希（1570 年—1619 年）据说是望远镜的发明者之一。克里斯蒂安·惠更斯（1629 年—1695 年）发明了摆钟，并首先对土星环进行了深入研究。

美洲

除了是一位杰出的政治家和外交家，博学的本杰明·富兰克林（1706 年—1790 年）还是一位电学领域的科学家和先驱，他发明了避雷针和远视近视两用的双焦眼镜。本杰明·拉什（1745 年—1813 年）医生为医学、公共卫生和精神病学做出了贡献。

为了揭示闪电和电的关系，富兰克林可能在某次雷雨天气用风筝进行过一个实验。

1687 年 艾萨克·牛顿出版了《自然哲学的数学原理》，阐述了物体运动的三大定律

1712 年 英国的五金商托马斯·纽科门发明了第一台实用蒸汽机

1789 年 继发现质量守恒定律之后，安东尼·拉瓦锡出版了《化学概要》一书，为现代化学的建立奠定了重要基础

本杰明·富兰克林通过风筝实验，发现闪电是带电的 **1752 年**

1675 年　　　1700 年　　　1750 年　　　1800 年

✢ 艺 术 ✢

这是一个艺术家凭借其个人才华而声名鹊起的时代。北欧画家发明了油画，这种绘画能够展现更为复杂精细的绘画效果。这也是一个艺术流派竞相发展的时代，传统流派与新兴流派时有对抗。在这个发现与探索的时代，不同的文化开始相互影响。

这幅矫饰主义风格的绘画关注的是情感的表达，反对文艺复兴时期严谨的、古典的绘画手法。

"印第安基督教艺术"作品之一。西班牙的艺术指导老师教导本土艺术家使用文艺复兴风格或巴洛克风格来描绘宗教形象。

欧洲

文艺复兴时期的艺术家，如米开朗琪罗，为艺术树立了卓越的新标杆。17世纪，巴洛克风格兴起，这是一种华丽而精致的艺术风格，色彩丰富，多用暖色。到了18世纪，巴洛克风格被更俏皮的洛可可风格所取代，洛可可以其柔和的米白色调和优美的曲线而闻名。启蒙运动催生出新古典主义，这是对洛可可风格的一种反击，强调简洁和秩序。

拉丁美洲

在殖民时期的拉丁美洲，艺术家们兴起了一场运动，即"印第安基督教艺术"运动，主张将本土的艺术传统与基督教思想相结合。拉丁美洲的绘画也受到来自西班牙、葡萄牙、法国和荷兰等地的巴洛克艺术的影响。

14 世纪中叶—17 世纪初 欧洲的文艺复兴时期	1592 年—1717 年 明末清初，王时敏、王鉴、王翚、王原祁强调艺术要尊重传统，被尊为"正统"，史称"四王"
约 1520 年—1580 年 欧洲的矫饰主义时期	16 世纪—19 世纪 拉其普特细密画流行于印度
16 世纪早期 葡萄牙商人带来的黄铜制品启发了贝宁雕刻家，他们开始制作黄铜饰板，并在上面创作浮雕，用于装饰皇宫	17 世纪 现存最早的非洲木雕可追溯到这一时期，由扎伊尔中部的库巴人创作

1500 年　　　　1550 年　　　　1600 年　　　　1625 年

印度

莫卧儿王朝的皇帝是伟大的艺术赞助人，鼓励波斯艺术家把他们的艺术带到印度。波斯的细密画，如拉其普特细密画，在印度开始流行起来，这类画作经常描绘印度史诗如《罗摩衍那》中的场景，画作由画家们集体创作。直到 17 世纪，艺术家们才开始独立创作。在沙·贾汗（1628 年—1658 年在位）的统治下，绘画变得更加程式化而缺乏个人色彩。

像这样的拉其普特细密画在 17、18 世纪非常流行。

图为董其昌的一幅画作，他刻意不写实以表现一种意境。

中国

董其昌（1555 年—1636 年）是一位卓有影响力的艺术家，比起追求形似，他的作品更强调风格表达，这一点反映在他那些并不写实的山水画中。到了清朝，艺术家大致可以分为两派，一派是古代大师的追随者，他们被称为"正统派"，一派是董其昌的追随者，追求个人艺术风格的表达。

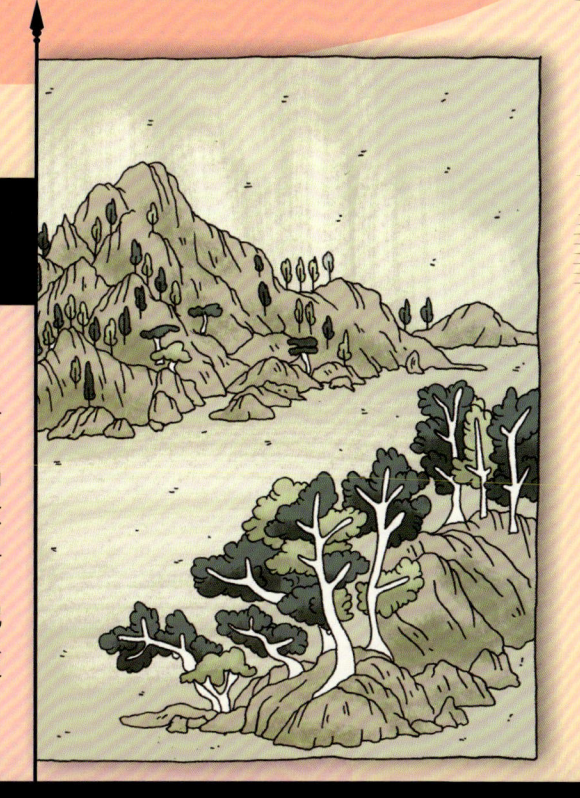

1720 年—1760 年　欧洲的洛可可风格时期

欧洲的新古典主义时期　1760 年—1850 年

18 世纪　加纳的阿坎人开始用动物、人物、水果和抽象几何图形的样式装饰金属砝码

建 筑

近代早期，由于各种文化之间相互影响，建筑设计的传统发生了根本性的变化。莫卧儿王朝将伊斯兰、波斯和土耳其风格引入印度，欧洲殖民者则在新大陆建造西班牙、英国和荷兰风格的房屋，并将其加以改造，以适应殖民地的气候。

欧洲

文艺复兴时期建筑的风格以几何平衡和和谐统一为重点，这种风格在 16 世纪占主导地位，到了 17 世纪，被繁复奢华的巴洛克风格所取代。巴洛克风格的建筑善于采用富有动感的曲线、螺旋形柱子和气势磅礴的雕塑。18 世纪，色彩更加明亮、色调更优雅的洛可可风格出现了。此外，这一时期还有一种风格——帕拉弟奥新古典主义建筑风格，受启发于威尼斯建筑师安德烈亚·帕拉弟奥（1508 年—1580 年）的设计风格，其特色是柱状的门廊和圆顶大厅。古罗马遗址庞贝城的发现激起了人们对古典艺术的狂热，新古典主义由是诞生，建筑风格回归古典。

图为圆厅别墅，位于意大利北部的维琴察，建于 16 世纪，由文艺复兴时期著名建筑师安德烈亚·帕拉弟奥设计。

美洲

在新英格兰，房屋主要以英格兰东南部那种木制建筑为主。在后来被叫作"纽约"的地方，荷兰殖民者用石头和砖块建造起荷兰式和佛兰德式的房屋。在特拉华河下游沿岸，瑞典定居者建造了美国第一批木屋。在拉丁美洲，特别是在西班牙殖民地，兴起了西班牙殖民地建筑风格，它具有西班牙当时流行的文艺复兴风格和巴洛克风格。

图为一座西班牙殖民者的房屋，位于佛罗里达州的圣奥古斯丁，重建于 1723 年。

1506 年 位于罗马的圣彼得大教堂开始修建，这是文艺复兴后期最大的建筑工程，直到 1626 年才建成

帕拉弟奥开始设计修建圆厅别墅，他的作品近 500 年来一直影响着建筑师们 **1567 年**

塞利米耶清真寺修建完成，该寺位于土耳其，以巨大的中央穹顶和细高的宣礼塔而闻名 **1575 年**

泰姬陵历时 22 年，终于建成 **1632 年—1654 年**

埃塞俄比亚的法西尔·盖比城堡建成 **1635 年**

16 世纪末 在埃塞俄比亚的萨尔萨·登格尔统治时期，塔纳湖周围建造了许多城堡

日本

町屋，日本传统的连体式木制建筑，在近代早期得到了新的改进。为了预防火灾，人们用瓦片代替茅草遮盖屋顶，并用泥灰覆盖外露的木料。为了满足首都江户（后来的东京）不断增长的人口需求，房屋建成了两层楼。另一种比较流行的民居样式是数寄屋，用料天然，追求古朴简洁。

图为一座日式町屋。

印度

莫卧儿建筑以巨大的穹顶、位于四角的细高的宣礼塔、宽敞的大厅、拱形的大门和繁复的装饰为特色。这种风格在沙·贾汗统治时期达到了巅峰，其中，最著名的建筑是贾玛清真寺（印度现存最大的清真寺之一）、德里红堡、拉合尔（在今巴基斯坦）的沙拉穆尔花园和阿格拉的泰姬陵。

图为泰姬陵，沙·贾汗皇帝为挚爱的妻子蒙塔兹·玛哈尔修建的陵墓。

17世纪50年代 殖民者在黄金海岸（今加纳）建造了海岸角城堡，用于关押那些即将被运到美洲的奴隶

约1661年 凡尔赛宫开始动工修建，内部装潢以巴洛克风格为主，是法国巴洛克建筑的最高成就

华盛顿特区的白宫开始动工，这是一座帕拉弟奥弟新古典主义风格的建筑 **1792年**

文 学

活字印刷术的发明提高了人们的识字率，使人们比以往任何时候都能更广泛地阅读书籍。在这个时代，第一批小说出现了，第一批歌剧也出现了。创作戏剧是为了娱乐，而不是为了宗教教育。然而，在世界上的某些地方，较为传统的文学形式仍然占据着主导地位。

安妮·布雷兹特里特是英国北美殖民地第一位出版诗集的女诗人。她的诗朴实动人，一般关于家庭、自然、爱和宗教。

莎士比亚戏剧《罗密欧与朱丽叶》中著名的阳台场景。

欧洲

近代早期涌现了许多杰出的剧作家，比如英国的威廉·莎士比亚和克里斯托弗·马洛，法国的莫里哀和意大利的卡洛·哥尔多尼，他们重塑了剧院，从巡回演员的演出和意大利即兴喜剧中汲取营养，创作了关于人的现实主义戏剧，其中既有喜剧，也有悲剧。第一部现代小说可能是塞万提斯的《堂吉诃德》，这本书对中世纪流行的骑士小说进行了毫不留情的嘲讽。

北美洲

在美国早期作家中，有些作家是英国冒险家和殖民者，如约翰·史密斯船长、约翰·温思罗普和威廉·布雷德福，他们记录下自己的生活，以供英国国内的人阅读消遣。弗吉尼亚的种植园主威廉·伯德写了一些机智有趣的日记。罗杰·威廉斯、托马斯·胡克和科顿·马瑟等清教徒则写下了严厉的宗教小册子和布道辞，以教导和警示他们在殖民地的同胞们。

1526 年—1600 年　巴基是苏莱曼大帝宫廷里最著名的迪万诗人之一

1605 年—1615 年　塞万提斯创作的《堂吉诃德》上下卷陆续出版

莎士比亚创作了《哈姆雷特》，这是英国文学史上最具影响力的悲剧之一　1599 年—1602 年

日本歌舞伎诞生，歌舞伎的"黄金时代"很快到来了　1603 年

24　　1500 年　　　　1550 年　　　　1600 年　　　　1625 年

奥斯曼帝国

迪万是奥斯曼帝国的一种诗歌形式,这种诗歌一般探索宗教、道德或神秘主义等主题。许多迪万都是寓言式的,诗歌中的角色往往寄托着人类的感情,有些诗歌表面上讲述的是浪漫爱情故事,实际上却是关于精神觉醒的。奥斯曼散文必须遵循严格的规则,而且必须押韵。

奥斯曼帝国将迪万这种诗歌配以插图,加以纯手工书写绘画,汇编成册,数量可达数千册。

日本

17世纪,一种叫作"歌舞伎"的日本戏剧诞生了。歌舞伎的演出是程式化的,而非现实性的,表演者们会精心化上很浓的妆容。日本文学主要受到中国影响,其次也受欧洲的影响。井原西鹤(1642年—1693年)用日常语言写出了有趣的警世故事。"读本"是指当时日本的历史小说,也很流行。

1603年,出云少女阿国在京都表演了一种新式的日本戏剧,被后人尊为歌舞伎的创始者。

1664年 莫里哀开始创作戏剧《伪君子》

1719年 丹尼尔·笛福出版了《鲁滨孙漂流记》,这部小说被视为现实主义小说的开端

1667年 约翰·弥尔顿的史诗《失乐园》创作完成

1759年 伏尔泰发表了《老实人》这一极具影响力的小说,嘲讽当时的宗教和政治

1675年　　　1700年　　　1750年　　　1800年

✠ 犯罪与刑罚 ✠

近代早期，人们对犯罪的态度逐渐改变。例如，到了 18 世纪，"巫蛊罪"作为一种罪名已经基本消失。刑罚也发生了改变：监禁越来越普遍，肉刑越来越少用。然而，在这个时代的大部分时间里，刑罚仍然严厉，而且通常还很野蛮，强调公开羞辱、报复和威慑他人。

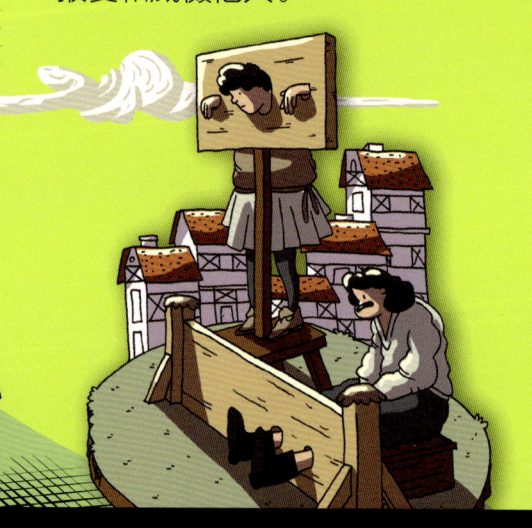

轻微犯罪，诸如扒窃、当庭撒谎或当逃兵等，会受到戴枷示众的惩罚。

浸水椅是一种把人捆在椅子上，放在木杆末端并浸入水中的刑罚方式，用来测试一个女人是不是女巫。如果她浮上水面，即为有罪；如果她沉没水底，则为无辜。

英格兰

随着人口的增长，越来越多的人涌入城镇，产生了很多无处可居的流浪人口，逐渐成了一个社会问题。乡间小路上常有强盗出没，街头到处是劫匪团伙。由于政府对茶叶和烟草等抢手货征收重税，所以走私这些货物成了一项大生意。在当时，流浪汉会受到各种处罚，如鞭打、割去耳朵或在身上打烙印。英格兰和欧洲其他地方一样，被裁定为异教徒的人会被处以绞刑。欠债者会被投进监狱。

北美洲

英国北美殖民地的清教徒将一套宗教教法强加给他们所在的社区。未能一天去教堂两次的人，会被惩罚，先是被罚一天不许进食，再遭鞭打，最后还要在殖民地的船上划 6 个月的船。撒谎、懒惰和行为不端都是犯罪行为，会受到戴枷示众、坐浸水椅等惩罚。爱唠叨的人和爱散布流言蜚语的人会被强制要求在头上戴一个铁笼，以示惩戒。

1547 年 在英国，镬烹之刑（将人放进锅里烹煮）作为一种处决方式被废除

1605 年 贾汉吉尔即位，成为印度莫卧儿王朝的皇帝后，颁布了 12 条谕令

1605 年 火药阴谋案爆发，恐怖分子企图炸毁议会，炸死英国国王詹姆斯一世

1645 年 清朝颁布"剃发令"，命令所有的中国男子必须剃掉头上前半部的头发，后半部梳起长辫

1636 年 北美洲的普利茅斯殖民地立法确定了几项会获死刑的罪行

1500 年　　　　1550 年　　　　1600 年　　　　1625 年

印度

在莫卧儿王朝的统治下，罪犯有时会被大象处决。经过训练，亚洲象会把俘虏踩在脚下践踏，用象牙上捆绑的刀刃把他们砍成碎片，或者长时间地折磨他们。东南亚的其他地区也会执行这种刑罚。在泰国，大象经过训练后会将罪犯先抛向空中，然后再将其踩死。

在印度，用大象处决罪犯的刑罚被称为"象刑"，在英国统治印度时被禁。

奥斯曼帝国

奥斯曼帝国的司法系统，部分基于伊斯兰教法，部分基于苏丹颁布的法令。犯重罪者会被处以绞刑，重罪包括谋杀、纵火、异教邪说、叛教、偷马或盗窃奴隶、不服从苏丹等。犯较轻罪行者则会被驱逐，砍去手或脚，或被发配到帝国舰队中充当划艇手。

在奥斯曼帝国，对妻子或丈夫不忠者要受杖刑。

马萨诸塞殖民地的塞勒姆镇发生女巫审判案，20 人被处决 **1692 年—1693 年**

英国政府授权东印度公司在印度设立法院 **1683 年**

1723 年 英国建立了一套被称为"血腥法典"的制度。根据"血腥法典"，很多违法行为，比如猎鹿、杀牛、放火烧庄稼、毁坏鱼塘或乔装伪扮出现在森林中，都将被判处死刑

1747 年 英国最后一次用斩首的方式执行死刑

英国对茶叶和白兰地进行征税，使英国相关走私激增 **18 世纪**

1675 年 　　　　　1700 年 　　　　　1750 年 　　　　　1800 年

✠ 宗 教 ✠

在近代早期，基督教在全球范围内得到了扩张和传播。天主教传教士跟随殖民者和商人到达南美洲、非洲和亚洲，清教徒则远赴北美洲建立殖民地。被西欧国家驱逐出来的犹太人，在东欧和北非居住下来。

1572年8月，巴黎的一群天主教暴徒开始对城内的新教徒展开屠杀，暴行迅速蔓延至整个法国，造成上万名法国新教徒遇难。

欧洲

16世纪，为了终结天主教内部的腐败，欧洲发生了一次大规模的宗教改革运动。宗教改革导致了罗马天主教会和西方新教教会的分裂。在接下来的一个世纪里，欧洲很多地区的天主教徒和新教徒之间都爆发了激烈的战争。

"第一次大觉醒"运动主张摒弃烦琐的宗教礼仪和仪式，使基督信仰成为一种深刻的个人体验。

北美洲

北美洲的第一批英国移民是些躲避英国宗教迫害的清教徒和分离主义者（后来的浸信会教徒）。他们建立的殖民地有着浓厚的新教色彩。18世纪30年代，北美殖民地开始了一场名为"第一次大觉醒"的宗教复兴运动。一位名叫乔纳森·爱德华兹的牧师，以极大的热情宣扬他的清教思想，赢得了成千上万的信徒。

- **1517年** 德国教士马丁·路德公开声讨教会，拉开了宗教改革的序幕
- 第一批方济会传教士抵达墨西哥 **1522年**
- **1561年** 一位葡萄牙耶稣会传教士使非洲南部穆塔帕国的皇帝皈依基督教
- **1531年** 传说"瓜达卢佩圣母"神奇现身，这一事件促使很多墨西哥人开始信仰天主教
- 英国国王亨利八世否定教皇的权威，宣布自己为英国教会的最高领袖 **1534年**
- **1562年—1598年** 法国宗教战争

1500年　　　1550年　　　1600年　　　1625年

拉丁美洲

西班牙和葡萄牙的殖民者决心将美洲原住民转变为基督徒。耶稣会传教士为当地人建立了名为"传教区"的自治社区，居民们可以保留自己的生活方式，但必须成为基督徒。耶稣会因为反对奴役原住民，招致殖民者的愤怒，因而导致耶稣会在 1767 年被逐出美洲。

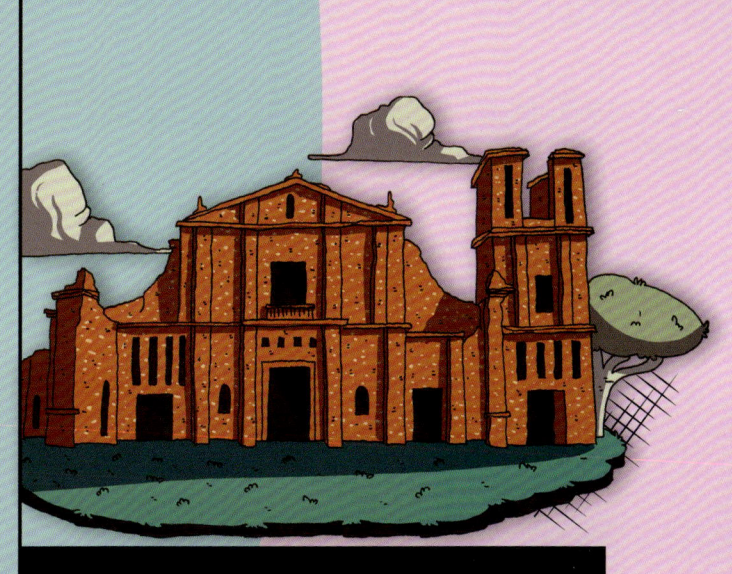

巴西的耶稣会传教区遗迹。

印度

莫卧儿王朝在印度推行伊斯兰教，尽管印度的绝大多数人还是印度教教徒。莫卧儿王朝的皇帝大多对印度教很宽容，印度教教徒的社会地位也很高。但在奥朗则布皇帝的统治下，宗教宽容不复存在，印度教寺庙遭到捣毁，信奉印度教的小国受到入侵，印度教信徒也被奴役。此外，奥朗则布还试图镇压一个新的宗教——建立于 15 世纪的锡克教。

1705 年，锡克教古儒戈宾德·辛格给奥朗则布写了一封充满反抗精神的信，给后者留下了深刻的印象，于是，这位莫卧儿皇帝与戈宾德·辛格讲和了。

1658 年—1707 年 莫卧儿王朝的奥朗则布皇帝在位时期

18 世纪 30 年代 "第一次大觉醒"运动遍及北美殖民地

锡克教最后一任古儒戈宾德·辛格去世 **1708 年**

耶稣会被逐出西班牙和西属美洲殖民地 **1767 年**

比阿特丽斯·基姆帕·维塔夫人，刚果王国的基督徒领袖和先知，在幻觉中看到了圣安东尼，开始传教 **1704 年**

18 世纪 30 年代 约翰·卫斯理创建了卫斯理宗，这是基督教新教的主要宗派之一

1675 年　　　　1700 年　　　　1750 年　　　　1800 年

术语索引

文艺复兴……………………4
14 世纪中叶到 17 世纪初，欧洲思想文化界人士复兴希腊、罗马古典文化的运动。

地理大发现…………………4
又称"新航路的发现"。15 世纪至 17 世纪，欧洲航海者为寻求财富的欲望所驱使，开辟新航路，在一系列探索与冒险中"发现"了新大陆。

启蒙运动……………………4
17、18 世纪，发生在欧洲的一场知识运动，其特点是对当时的教会权威和封建制度采取怀疑或反对态度，强调科学和理性，追求个人的自由。

萨菲帝国……………………5
萨菲王朝统治的帝国，1502 年到 1736 年间统治波斯。

种植园………………………5
种植咖啡、烟草等作物的庄园或大农场。

传教士………………………5
被派去执行宗教使命的人，尤指被派往国外宣传基督教的人。

总督…………………………6
代表君主在殖民地行使权力的统治者。

断头台………………………6
执行斩刑的台，台上竖立木架，装着可以升降的铡刀。

革命…………………………7
被压迫者用暴力夺取政权，摧毁旧的腐朽的社会制度，建立新的进步的社会制度。

倾销…………………………7
在市场上用低于平均市场价格（甚至低于成本）的价格，大量抛售商品，目的在于击败竞争对手，夺取市场。

征兵…………………………8
政府召集公民服兵役。

东印度群岛…………………10
欧洲殖民者对马来群岛的称呼。1492 年哥伦布到达美洲时，误将美洲认成印度，后欧洲殖民者就称南、北美大陆之间的群岛为西印度，称亚洲的印度和马来群岛为东印度。

西北通道……………………11
一条连接大西洋和太平洋的、沿美洲大陆北部海岸的海上通道。葡萄牙人和西班牙人找到的航线都漫长而艰辛，西北通道被认为是一条可能较为容易的航道。

清教徒………………………12
基督教新教中的一派，16 世纪中叶起源于英国，他们因要求"清洗"国教内保留的天主教旧制和繁文缛节，提倡"勤俭清洁"的简朴生活而得名。

三角贸易……………………14
16 世纪中叶到 19 世纪中叶，以英国为首的欧洲国家以贩奴为中心的洲际贸易，又称黑奴贸易。欧洲殖民者装载甜酒、糖等廉价物品，航行到非洲，换取奴隶，然后把奴隶运到美洲，卖给当地的白人种植园主，并将奴隶们的劳动成果运到欧洲，获取的利润再用来从非洲购买更多的奴隶，形成三角形的路线，史称"三角贸易"。

万有引力定律 …………18
万有引力是两物体之间由于物体具有质量而产生的相互吸引力。两物体的质量分别为 m_1 和 m_2，两物体间的距离为 r，则两物体之间的相互吸引力的大小为 $F=Gm_1m_2/r^2$。方向沿着两物体之间的连线，称"万有引力定律"。

质量守恒定律 …………19
在化学反应过程中，物质既不会增加也不会减少。这条定律最先由法国化学家安东尼·拉瓦锡提出。

油画 …………20
西方绘画的主要画种，一般多画在布、木板或厚纸板上，其特点是利用颜料的遮盖力和透明性能充分地表现对象，达到丰富的色彩效果。

正统 …………20
党派、学派等从创建以来一脉相传的嫡派。

矫饰主义 …………20
在大约 1520 年至 1580 年间流行于欧洲的一种艺术风格，表现在绘画上的特点是构图充满张力、造型夸张、背离古典理性和和谐原则、主题隐晦等。

细密画 …………20
一种小型绘画，多用作装饰书籍的插图，有时也作为独立的画幅。波斯细密画最为有名。

宣礼塔 …………22
伊斯兰建筑中特有的高层建筑物，一种尖塔式建筑，最初是为了召唤教民至清真寺做礼拜用的。

即兴喜剧 …………24
16 世纪流行于意大利的一种喜剧形式。由于这种戏剧没有写下来的剧本，演员只是根据剧情大纲，临时别出心裁地编造台词，进行即兴表演，故称"即兴喜剧"。

骑士小说 …………24
流行于 15、16 世纪的西班牙的一种文学类型，内容多为封建骑士们为捍卫爱情、荣誉或宗教信仰，而进行种种冒险，并最终取得胜利和荣誉。

走私 …………26
违反海关法规，逃避海关检查，非法运输货物进出国境。

象刑 …………27
一种用大象处决罪犯的刑罚，一般多见于近代印度和东南亚的其他地区。

新教 …………28
基督教的一派，与天主教、正教并称为"基督教三大教派"，是 16 世纪欧洲宗教运动中脱离天主教的新宗派，其否认罗马主教的教皇地位，认为信徒与上帝直接相通而无须神父作为中介。

宗教改革 …………28
16 世纪欧洲兴起的一次大规模的社会政治运动，主要反对教皇通过教会对各国进行控制以及天主教会内部的骄奢腐化。